उदासी कोई भाव नहीं है

[कविता-संग्रह]

उदासी कोई भाव नहीं है

राज कुमार सिंह

राधाकृष्ण पेपरबैक्स

राधाकृष्ण पेपरबैक्स में
पहला संस्करण : 2024

राधाकृष्ण पेपरबैक्स : उत्कृष्ट साहित्य के जनसुलभ संस्करण

राधाकृष्ण प्रकाशन प्रा. लि.
जी-17, जगतपुरी
दिल्ली-110 051
द्वारा प्रकाशित

शाखाएँ : अशोक राजपथ, साइंस कॉलेज के सामने, पटना-800 006
पहली मंजिल, दरबारी बिल्डिंग, महात्मा गांधी मार्ग, प्रयागराज-211 001
1, अनमोल सोराबजी संतुक लेन, धोबी तलाव, मरीन लाइंस, मुम्बई-400 002
वेबसाइट : www.radhakrishnaprakashan.com
ई-मेल : info@radhakrishnaprakashan.com

विकास कंप्यूटर एंड प्रिंटर्स
ट्रॉनिका सिटी-201 102
द्वारा मुद्रित

मूल्य : ₹299

UDASI KOI BHAV NAHIN HAI
Poems by Raj Kumar Singh

ISBN : 978-81-19989-64-5

बाबा नीब करौरी महाराज की कृपा से रचित
इस पुस्तक को
मैं इसकी समस्त अच्छाइयों और कमियों के साथ
ईश्वर को समर्पित करता हूँ।

आभार

माता श्रीमती भूरी देवी एवं पिता श्री राजमणि सिंह, जिनके आशीर्वाद के बिना यह सम्भव नहीं होता।

पत्नी डॉ. आकांक्षा सिंह, जिन्होंने हर उतार-चढ़ाव में जूझने का हौसला दिया।

बेटी अंजिका और बेटे राज वर्धन का।

मित्रों, परिजनों और शुभचिंतकों का।

दो शब्द

कई बार जीवन भाव और अभाव से परे चला जाता है। कई बार भावनाओं के लिए शब्द नहीं मिलते हैं। वैसे ही जैसे यदि कोई पूछे कि हूक क्या है? क्या कोई शब्दों में बता सकता है कि हूक उठना दरअसल है क्या? शब्दों की अपनी सीमा है। भावनाओं की कोई सीमा नहीं। ठीक ऐसे ही उदासी को भी शब्दों में ढालना पूरी तरह सम्भव नहीं है।

इस किताब में भी बहुत कुछ अपरिभाषित है। भावों को जितना शब्दों में बाँधना सम्भव था उतना ही किया है। सप्रयास लिखना तो भावनाओं को जकड़ने जैसा है। मुझे भरोसा है कि यह जो कुछ अपरिभाषित या छूटा सा है वह पाठक अपनी-अपनी तरह से परिभाषित करेंगे और मुझसे बेहतर करेंगे।

अपनी बात को महान दार्शनिक रूमी की इन अद्‌भुत पंक्तियों के साथ समाप्त करता हूँ कि—'घाव वह स्थान है जहाँ से प्रकाश आप में प्रवेश करता है।'

—राज कुमार सिंह

क्रम

उदासी कोई भाव नहीं है

भरोसा

एक बड़े शहर में
जब-जब एक अजनबी
एक अजनबी से
पूछता है कोई पता
तब-तब यह भरोसा बनता है
कि दुनिया में खोई हुई
सबकी चीज़ें
एक दिन उन्हें मिल जाएँगी।

खजूर का पेड़

क्या तुमने महसूस किया है
कुछ लोगों को दुआएँ नहीं लगतीं
और क्या ये भी कि
जिन लोगों पर दुआओं का असर नहीं होता
उन लोगों की दुआओं में बहुत असर होता है
है न दिलचस्प बात,
दरअसल कुछ लोग खजूर के पेड़ की तरह होते हैं
खजूर का फल मीठा बहुत होता है
बहुत पवित्र भी
लेकिन मैंने कहीं पढ़ा
खजूर का पेड़ लगाना शुभ नहीं होता।

चाँद

चाँद मेरे लिए
प्रियतम का डोला नहीं है
न ही किसी किसान के
हँसिए का फलक है
मेरे लिए
चाँद
आसमान पर टँगी अरगनी है
जिस पर
मेरे सपने सूखते हैं।

दुख

हम अक़सर
सुख के लिए
बिछाते हैं
पलक पाँवड़े
और दुख
चला आता है
दबे पाँव।

वापसी

एक खाली हाथ
आदमी के लिए
सबसे कठिन होती है
वापसी की डगर
कलेजा चाहिए
अपने ही घर का
दरवाज़ा खटखटाने के लिए।

पाँव

लम्बा है सफ़र
चेहरे बदलते रहेंगे
बस पाँव नहीं बदलेंगे
तुम वहीं से शुरू करना
जहाँ से ख़त्म हों
मेरे कदमों के निशान।

बसन्त

तुम
जब बाँहें फैलाती हो
धरती पर
तब बसन्त उतरता है।

अपनी मृत्यु का शोक

यूँ ही राह चलते
जो कोई पूछ लेगा हाल
तो क्या बताओगे?
कुछ ठीक नहीं होने पर भी
यही कहोगे कि सब ठीक है
यही सबसे सुरक्षित तरीका भी है
अपने ही शव को
धधकती चिता से खींच लेने का,
आदमी की नियति में नहीं होता है
अपनी मृत्यु का शोक मनाना।

हूक

जो बातें अधूरी रह गईं
उनकी हूक-सी उठती रहती है
मन में
जो कहानियाँ पूरी नहीं हुईं
कविताएँ बनके घुमड़ती रहती हैं
जीवन में।

उदासी

उदासी
कोई भाव नहीं है
उदासी
कोई अभाव है,
और जो टपक रहा है रह-रहकर
वो कोई घाव नहीं है
चटके हुए मन का
कोई स्वभाव है।

पेड़

जो पूरी नहीं हुईं
उन मन्नतों ने ही बाँध रखा है
इस पेड़ को
इन नाज़ुक धागों ने ही सँभाल रखा है।

दूर देश

दूर देश
आख़िर कितनी दूर होता है?
ये उस नई बहू से
बेहतर और कौन बताएगा
जिसकी पालकी
अभी-अभी ससुराल में उतरी है,
या वो बेटी
जिसे पिता ने अभी-अभी
डोली में बिठाकर विदा किया है।

भारी चिट्ठियाँ

कुछ चिट्ठियाँ
इतनी भारी होती हैं कि
बरसों लग जाते हैं उन्हें
गन्तव्य तक पहुँचने में
और जब पहुँचती हैं
तब तक उनका
पता ही बदल चुका होता है।

उम्मीद

एक उम्मीद
इस तरह सकुचाती हुई
चली आती है
जैसे घर में
नई-नवेली दुल्हन
पहला पाँव धरती है।

सब ठीक है

जब तुम कहती हो
सब ठीक है
तब मुझे लगता है
अभी कितना कुछ
ठीक होना बाकी है,
अभी बाकी है उस सिरे का मिलना
जो हममें उलझकर कहीं खो गया है
और जिसके बिना
हमारी ज़िन्दगी की बुनावट अधूरी है।

जीवन

एक चमचमाता हुआ
संगमरमर का मैदान है जीवन
और हमें इस पर
नंगे पाँव चलना है,
जाड़े की सुबह हो
या गर्मी की दोपहर
हमें इस पर रोज़
थरथराते हुए निकलना है।

तुम्हारी याद

पाँव के कुछ निशान
हथेलियों की तरह थरथराते हुए पत्ते
और आधी खुली हुई धूप
इस राह पर
तुम्हारी कोई-न-कोई याद
मिलती रहती है,
इस राह से
लोग गुज़र जाते हैं
यादें भटकती रहती हैं।

इच्छा

मेरे मन में
वैसे ही तुम्हारी
इच्छा रहती है
जैसे उदासी को
अच्छे मौसम की
प्रतीक्षा रहती है।

सूरत बदलनी है

चिराग़ मत जलाओ
अब यहाँ मुझसे ही
रौशनी निकलनी है,
कब तक रहूँगा
हवाओं के करम पर
अब मुझे ये सूरत बदलनी है।

रास्ते

मुड़कर देखता हूँ पीछे
तो हर रास्ता मुझमें ही समाप्त होता है
आगे देखता हूँ
तो हर रास्ता मुझसे ही निकलता है,
मेरे भीतर एक सुरंग
काट दी गई है
रास्ता बनाने के लिए,
रास्ते जो फाड़ देते हैं आदमी को
बन्दूक की गोली की तरह।

चला जाऊँ

कभी-कभी मन करता है भाग जाऊँ
फिर सोचता हूँ
भाग ही तो रहा हूँ इतने दिनों से,
भागने और चले जाने में
जो अन्तर है उसे अब ख़त्म होना चाहिए
मुझे अब चले जाना चाहिए।

भारी दिन

कोई-कोई दिन
इतना भारी होता है
मानो घड़ी की सुइयों पर
रेत के बोरे लटका दिए गए हों
और उनमें से हम रिस रहे हों धीरे-धीरे।

रंग

ये जानते हुए भी
कि कोई भी रंग
देर तक नहीं रहता
मैंने उससे कहा
आओ
मुझे अपने रंग में रँग लो।

असर

बेअसर दुआओं
का असर देखना है मुझे
जहाँ टकराईं सदाएँ मेरी
पत्थर का वो दरका हुआ
दर देखना है मुझे।

तुम्हारे पीछे

सवेरे-सवेरे
खिड़कियों पर चढ़े
गाढ़े परदों को धकेलकर
घुस आते हैं उजाले
और शाम होते-होते
पेड़ों से छनकर
गिरने लगते हैं अँधेरे,
इस घर में तुम्हारे पीछे
कुछ भी बदलता नहीं है
सिवाय मेरे।

रिक्त हो जाऊँगा

एक दिन
रिक्त हो जाऊँगा
सम्भावनाओं से
मुक्त हो जाऊँगा
पेड़ हूँ
घर की चौखट के लिए
विभक्त हो जाऊँगा।

ज़िन्दगी को सँभाल रखा है

ज़िन्दगी,
मेरे लिए चिड़िया के एक बच्चे की तरह रही
न हाथों में कस के जकड़ सकता था
और न ही पकड़ ढीली कर सकता था
बस हौले से सँभाले रखना था
ज़िन्दगी-भर।

धार

जो खरे थे
जिनमें थी धार
बन गए तीर
बन गए तलवार
किए प्रहार
झेले वार
युद्ध में रहे आर या पार,
वे जो मसखरे थे
रणभूमि में जाने से डरे थे
विजेता की करते रहे जो
जय-जयकार,
उन्हीं से सजे हैं दरबार
हर बार हर बार।

गरम सड़कें

गरम हो जाती सड़कें
उगलने लगती हैं कोलतार
वैसे ही जैसे
गरम हो जाते मज़दूर
उगलने लगते हैं लहू
यूँ तो दोनों में कोई समानता नहीं है
सिवाय इसके कि
बूटों पर से
कोलतार हो या लहू
दोनों के निशान
जल्दी नहीं जाते।

बिवाई

सफ़र का हाल
पाँव ही बताएँ
ये ज़रूरी तो नहीं
कभी-कभी
आँख में भी बिवाई फट जाती है।

बेवजह

कुछ होने के लिए
कुछ होना जरूरी नहीं है
जैसे कि
उदास होने के लिए
उदासी का होना
प्यासा होने के लिए
प्यास का होना
कुछ कहने के लिए
किसी बात का होना
और अँधेरे के लिए
रात का होना
जरूरी नहीं है,
कुछ वज़हें
बेवजह होती हैं
जैसे कि
प्रेम के बगैर भी
प्रेम में होना।

लौटने की तैयारी

हर यात्रा से पहले
करीने से लगाता हूँ
घर-गृहस्थी का सामान,
कई-कई बार चेक करता हूँ
पंखा, बल्ब, रसोई गैस,
खींचकर देखता हूँ ताला
फिर कई बार टटोलता हूँ चाबियों को जेब में,
जाने से अधिक
लौटने की तैयारी करता हूँ
हर यात्रा से पहले।

कोई यात्रा अन्तिम नहीं

हर बार लगता है जैसे यह अन्तिम यात्रा है
इस उबासी लेते हुए घर से
कहता हूँ सुनो
प्रतीक्षा मत करना
मुझमें मत रहना,
लेकिन हर बार
जीत जाता है घर
हर बार लौटने पर
व्यंग्य भरी मुसकान के साथ
कहता है—आ गए
जानता था तुम्हारे जैसा आदमी
और कहाँ जाएगा,
और मैं उसकी आँखों में देखे बिना
घुस जाता हूँ बिस्तर में
छिपा लेता लिहाफ में चेहरा,
कैसे कहूँ इससे
कुछ लोग घरों में रहते हैं
और कुछ लोगों में घर रहता है।

चादर

एक समय के बाद
हमारी तकलीफ़
उस चादर की तरह हो जाती है
जिसे ओढ़े बिना नींद नहीं आती है।

प्रतीक्षा

स्टेशन पर
ट्रेन की राह देखते हुए
खेत पर
बरसात की आस लगाते हुए
और घर पर
तुम्हारी बाट जोहते हुए
मैंने समझा
प्रतीक्षा से अधिक
सकारात्मक और कुछ नहीं।

साइकिल

ज़िन्दगी मेरे लिए
एक साइकिल की तरह है
एक-दूसरे को खींचते-खींचते
हम उस मुक़ाम पर आ गए हैं
जहाँ ये तय करना मुश्किल है कि
अब कौन किसे खींच रहा है
हम दोनों ने इतना सन्तुलन साध लिया है कि
अब आदमी और मशीन के बीच
का अन्तर ख़त्म हो गया है
अब हम दोनों ने ही अपनी-अपनी गति की
पूर्णता प्राप्त कर ली है।

ऐसे मत हँसो

हँसना, पर इस तरह नहीं
कि तुम्हारी हँसी बेध दे किसी सीने को
बिजली की तरह ऐसे गिरे मन पर कि
चटक जाए आदमी
पाले की तरह ऐसे गिरे फसल पर
कि झर जाएँ फूल और फल,
हँसना तो इस तरह जैसे उतरता है बसन्त
आम के पेड़ पर बौर लेकर
खेतों में सरसों के पीले फूल खिलाकर
और पेड़ों पर नए हरे पत्तों के साथ,
तुम्हारी हँसी को
दिल में उतरने
और सीने में उतरने
का अन्तर पता होना चाहिए।

बिसाती

गली में घूमते बिसाती को
देखता हूँ
छोटी-सी पेटी में
कैसे भरते हैं ख़ुशियाँ
सीखता हूँ।

सावन बन्द है

गली में घूमते बिसाती को
कोई तो रोक लो आवाज़ देकर
उसकी पेटी में
बिन्दी, चूड़ी, बिछिया
और मेहँदी ही नहीं
सावन भी बन्द है।

जड़ें

हम ऐसी जड़ें हैं
जिन्हें बढ़ने के लिए
न तो बहुत खाद-पानी चाहिए
और न ही बहुत गहराई
गमलों में सिकुड़ जाती हैं मनीप्लांट की तरह
लान में फैल जाती हैं दूब की तरह,
हम ऐसी जड़ें हैं
जहाँ भी रहते हैं फैल जाते हैं थोड़ा-थोड़ा
धरती हो या दिल उतर जाते हैं थोड़ा भीतर
कर देते हैं थोड़ा नम
जकड़ कर बचा लेते हैं मिट्टी और मन को बहने से,
हमारी जड़ें जड़ नहीं रहतीं
हम खानाबदोश लोग
अपनी जड़ों को झोले में लेकर चलते हैं
जहाँ भी रुके रोप देते हैं,
और इस तरह सारे खानाबदोश
जुड़ जाते हैं एक-दूसरे की जड़ों से
जल-थल-नभ की सीमा को तोड़कर,
वो दौर और था जब लोग जड़ों से कट जाते थे

ये दौर और है अब जड़ें कटती नहीं हैं
बिखर जाती हैं, गुँथ जाती हैं, पकड़ लेती हैं
लोग भले ही कट जाएँ, टूट जाएँ
पर जड़ें जुड़ी रहती हैं और जुड़ी रहती हैं।

चश्मा

मेरे चेहरे और दुनिया के बीच
एक और दुनिया है
जो मेरे चश्मे ने बनाई है
ये तीसरी दुनिया साल-दर-साल
चश्मे के काँच की तरह मोटी हो रही है
मेरा चेहरा अब मेरे चश्मे का चेहरा है
आँखें चश्मे के हिसाब से देखती हैं
माथा चश्मे के हिसाब से सोचता है
दुनिया को मैं चश्मे के नम्बरों से मापता हूँ
घटते-बढ़ते, उतरते-चढ़ते
उम्र के साथ बढ़ रहा है चश्मे का दखल
ये दिल तक पहुँच गया है
उजाले की भी कीमत होती है
मेरा चेहरा इसे चुका रहा है
एक दिन खत्म हो जाएगी
मेरे अन्दर और बाहर की दुनिया
बस बची रहेगी ये तीसरी दुनिया
वैसे ही जैसे रह जाएगा मेरा चश्मा
मेरे चेहरे के बाद भी
मेरे बाद हो सके तो देखना मेरे चश्मे से
शायद ये दुनिया तुम्हें कुछ अलग दिखाई दे।

अन्तिम मनौती

संगम तट पर
त्रिवेणी की अँजुरी में झिलमिलाते
मनौती के अन्तिम दीये से
मैंने कहा
सुनो!
अब कोई नहीं आएगा
तुम्हारे बाद
तुम मेरी अन्तिम मनौती हो,
मनौतियों से मुक्ति की
एक अन्तिम मनौती।

मज़दूर

मेरे कौर में
मेरे ही ख़ून का स्वाद है
मेरे भीतर
एक मज़दूर
अब तक
ज़िन्दाबाद है।

रंगत

हर उस शख्स ने
जिसने मुहब्बत की है
धरती पर उगे
हर फूल को
रंगत दी है।

पत्ता

जाऊँगा
ढाक के पत्ते की तरह
टूटूँगा नहीं
अलग हो जाऊँगा टहनी से
बनाऊँगा जगह
एक नई कोंपल के लिए
गिरूँगा नहीं
हवा में लहराऊँगा
चूम लूँगा मिट्टी को
बन जाऊँगा एक दोना
जिसमें थोड़ा चना-चबेना
मज़दूर की थाली बन जाऊँगा
मेहनत के हाथों तर जाऊँगा।

देहरी

बहुत दूर तक जाता हूँ
बहुत दूर से आता हूँ
मेरे भीतर एक देहरी है
जिसे मैं लाँघ नहीं पाता हूँ।

पिता

बच्चे के बाल कटाने
जब भी जाता हूँ
मिल जाते हैं मेरे पिता
मुझमें ही कहीं खड़े
वही वज़नदार आवाज़
सुनो,
इसके बाल थोड़े और हल्के करो,
मैं जान गया हूँ
पिता नहीं देखना चाहते
कोई भी बोझ
बच्चे के सिर पर,
मैं जान गया हूँ अब
कि बच्चे के सिर से बोझ उतरने
और
उम्र के साथ
पिता की भारी होती
थोड़ी काँपती-सी आवाज़ में
कोई सम्बन्ध है,
बच्चे के बाल कटाने
मैं जाता तो हूँ बच्चे के साथ
पर लौटता हूँ पिता के साथ।

प्रेम जैसे जिया हो

हो सके तो
प्रेम को वैसे ही लिखना
जैसे किया हो
हो सके तो
प्रेम को वैसे ही करना
जैसे लिखा हो
हो सके तो
प्रेम में वैसे ही मरना
जैसे जिया हो।

सवाल उम्मीद है

विदा लेते समय
उसने कहा
फिर मिलेंगे
मैंने पूछा
क्या ये वादा है?
उसने कहा
नहीं!!
ये सवाल है,
तुम इसे उम्मीद भी कह सकते हो
तब से
मेरे लिए
हर सवाल एक उम्मीद है।

यादों ने सँजोया है

यादों को मैंने नहीं सँजोया
यादों ने मुझे सँजोया है
अनगिनत बार
बिखरने की कगार पर आकर
टूटने की सीमा तक जाकर
लौट आया मैं
सही-सलामत
एक याद की उँगली पकड़कर,
हर एक याद
उस एक सुन्दर वादे की तरह है
जिसे मैंने किसी हथेली पर रखा था
और जिसे पूरा किए बिना
मुझे बिखरना और टूटना नहीं है।

खिड़कियाँ

तमाम दरवाजे
खोलने, बन्द करने
और खटखटाने के बाद
मैं खिड़कियों के पास गया,
खिड़कियाँ
जो दरवाजों के नियमों से मुक्त हैं
उनमें न तो देहरी है
और न ही वन्दनवार,
एक खिड़की
खोल देती है
पूरा आकाश
एक खिड़की
आँख में भर देती है
पूरा संसार
एक खिड़की,
मन को देती है
विस्तार
एक खिड़की
कर देती है

बहुत उदार,
मैं अपने भीतर
खोल देना चाहता हूँ
एक खिड़की।

तुम्हारी हँसी

तुम्हारी हँसी
कि बाँहों में भरे उजाले का
धीरे-धीरे मुक्त होना
कि आँखों में धरे शब्दों का
धीरे-धीरे व्यक्त होना
तुम्हारी हँसी से मैंने जाना
धीरे-धीरे मुक्त करना
धीरे-धीरे मुक्त होना।

मन्नत का पेड़

हर मौसम में साथ खड़े
उम्मीदों से भरे
ईश्वर के पोस्टमैन होते हैं
कुछ लोग मन्नत के पेड़ होते हैं।

धागे खोल दो

मन्नतों के सारे धागे खोल दो
मुक्त कर दो पेड़ को
इच्छाओं के बन्धन से,
तुम्हारी इच्छाओं के बोझ से दबा हुआ
ये पेड़
उदासी से भर रहा है,
मन्नतों के जाल में उलझा हुआ
अपनी शाखों को फैलाना
हवाओं के साथ गाना
भूल गया है,
धागों से छिल रहा है तन
धीरे-धीरे रिस रहा है मन
दिन-रात सिर्फ चुभन,
मन्नत के ये धागे
इससे पहले बन जाएँ फाँसी के फंदे
मुक्त कर दो पेड़ को
मन्नतों के धागों से।

बोनसाई

उसे
पूरी ख़ुदाई चाहिए
उसे
इनसानों की बोनसाई चाहिए।

अकेला घर

घर भी अकेले होते हैं
शाम को जब पक्षी लौटने लगते हैं
घरों में गूँजने लगती है कालबेल
तब एक घर
झुर्रियों से भरे चेहरेवाला
सड़क को ताकता है अपनी मोतियाबिन्दी आँखों से
इसकी जंग लगी घंटी घरघराती है
दमे के मरीज़ बुजुर्ग की आवाज़-सी,
वही घर
जहाँ उठाया था एक दुल्हन ने घूँघट
जहाँ गूँजी थी किसी बच्चे की पहली किलकारी
जहाँ की दीवारें किसी बच्चे के लिखे अंग्रेजी के अक्षरों
और ऊटपटाँग रेखाचित्रों से भरी रहती थीं
और जहाँ शयनकक्ष की चादरों
में दिल टाँके जाते थे,
इस घर से आहिस्ता-आहिस्ता उड़ गए सारे पक्षी
इसके बरामदे में
बरसों पहले की किसी होली का लाल रंग
सूखकर काले पड़ चुके ख़ून-सा हो गया है
इसकी मुंडेर पर
दीवाली के दीयों के सूखे हुए तेल के काले निशान
वैसे ही हैं जैसे किसी बच्चे के गालों पर सूख गए आँसू

इसके ड्राइंग रूम में
लगी फैमिली फोटो सिर्फ इसलिए टिकी है
कि यदि इसे उतारा गया तो ये भरभराकर टूट जाएगी
दीवाल की सीलन ने इस तस्वीर को
इस घर के हर रिश्ते की तरह खोखला कर दिया है,
ये घर दिन-भर उबासी लेता है
निठल्ले बैठे इनसान की तरह
ये समय नहीं उम्र काट रहा है
एक-एक दिन गिनते बुजुर्ग की तरह,
क्या तुमने देखा है
एक भरे-पूरे घर को अकेले हो जाना
और
एक इनसान का सीलन की महक से भर जाना।

अश्वत्थामा

जिन्हें नहीं हुआ कभी पश्चाताप
जिन्होंने नहीं किया कभी कोई प्रायश्चित
बना लिया हृदय में बाँध
रोक लिया उमड़ती-घुमड़ती नदियों को
न बहे और न बहने दिया,
दर्द की दस्तक पर
नहीं खोले मन के दरवाजे,
चौखट पर नहीं सजाए वन्दनवार
ना ही देहरी पर बनाई रंगोली
अपने ही रचे अँधेरे में
बस करते रहे प्रहार-पर-प्रहार,
हममें ही कहीं
आज भी जीवित है अश्वत्थामा
अपने मणिविहीन फूटे हुए माथे और
रिसते हुए मवाद की टीस लिये,
अन्ततः दर्द अपना रास्ता बना ही लेता है।

मास्क

मास्क लगाने के पीछे
सबके अपने-अपने तर्क थे
मैं मास्क लगाने के पक्ष में था
क्योंकि
इससे मेरा दर्द
चेहरे पर नज़र नहीं आता है।

पतझड़

टूटकर गिरने का मान
रख लेता है पतझड़
उन पत्तों का भी
जिन्हें अभी नहीं गिरना था,
पतझड़
पत्तों की गरिमा ऋतु है,
काश
टूटकर गिरने का एक निर्धारित मौसम
इनसानों के लिए भी होता,
व्यक्ति के टूटने का दोष
उसी पर तो न आता।

सुनो लड़कियो

तोड़ देना
वो बन्धन
जो तुम्हें बाँधता हो
तोड़ देना
वो मापदंड
जो तुम्हें मापता हो
तोड़ देना
वो कसौटी का पत्थर
जो तुम्हें जाँचता हो,
नारी
तुम नदी का वेग हो
तोड़ देना
वो हर बाँध
जो तुम्हें थामता हो।

हरे पत्ते भी टूट जाते हैं

पतझड़ में
कुछ हरे पत्ते भी
टूट जाते हैं
कुछ लोग इतनी जल्दी क्यों
छूट जाते हैं?

सुख-दुख

देर लगी
पर एक बार जब वो खुला
तो जैसे बरसने के बाद
आसमान खुला,
उसने मेज पर
जेब से निकालकर फैला दिए
तमाम दुख
और आँख में उतार लिये
कुछ सुख,
फिर
अपनी उँगलियों पर कुछ-कुछ जोड़ा-घटाया
और अपने सुख-दुख समेटते हुए बोला
एक ही सुख
बार-बार नहीं निकलता
और दुख एक बार फैल जाए
तो नहीं सँभलता।

गर्व

मैं चाहता हूँ
मेरा गर्व कभी इतना पाँव न पसारे
कि दूसरे को ठोकर मारे
मैं चाहता हूँ
मेरा गर्व क्यारी में खिले फूल-सा हो
जो अपने खिलने पर खुश तो हो
पर इतराए नहीं
जो दूसरों के खिलने की ईर्ष्या से
मुरझाए नहीं
जिसका खिलना क्यारी के खिलने का एक संग हो
जिसका रंग क्यारी के कई रंगों का एक रंग हो
जिसकी गन्ध बगीचे की सुगन्ध का एक अंग हो
कि जिसके खिलने से
पूरी क्यारी खिल उठे
पूरा बगीचा महक उठे,
मेरा गर्व किसी अन्धकार की न धमक हो
मेरा गर्व किसी फूल की बस महक हो।

हत्या

एक घर की चाह में
कितने लोग दर-बदर हुए,
शब्दों की चाहरदीवारी में
कितनी कविताओं का दम घुट गया,
आदमी हो या कविता
अपनी बनाई दीवारों में
कैद होकर मर जाता है।

नगर मत लौटना बुद्ध

बुद्ध
यदि तुम नगर लौटे भी
तो क्या देखोगे
अब तक वही
मृत्यु की प्रतीक्षा करते वृद्ध
एक-एक साँस के लिए भटकते रोगी
अट्टहास करती चिताएँ
और जिन संन्यासियों को
तुम मोह-माया से दूर मुक्त छोड़ गए थे
उन्होंने अब चोला बदल लिया है
वे अब दुनियादारी में बँध गए हैं,
बुद्ध
मत आना यहाँ
कपिलवस्तु की दुर्दशा
तुम देख नहीं सकोगे
क्षमा करना महात्मा
तुम्हारी प्रज्ञा
कहीं विचलित न हो जाए,
बुद्ध
हमने सदा देखी हैं
तुम्हारी शान्ति से भरीं
परम आनन्द में डूबीं

संसार को राह दिखातीं
स्थिर आँख़ें
इन आँखों को ऐसा ही रहने दो
अब मत आओ नगर
अब यहाँ कोई स्थिर नहीं है।

पृष्ठभूमि

हर बार तसवीर खिंचाने से पहले
ढूँढ़ता हूँ एक अच्छी पृष्ठभूमि
कोई साफ-सुथरी सजी हुई दीवार
कोई रंगीन फूलों की क्यारी
ऊँचे हरे-भरे पहाड़
नदी, समुद्र, बहता पानी
ऐसा कुछ भी जो बना दे
तसवीर को और अधिक आकर्षक,
घर का पुराना सोफा जिसका फोम दब चुका है
और रंग भी उड़ रहा है
उस पर बैठा हुआ मैं ये सोच रहा हूँ
काश, फ्रेम के बाहर
असल जीवन में भी हमें
पृष्ठभूमि बदलने की सुविधा होती।

प्यार होना चाहिए था

प्यार सिर्फ इसलिए प्यारा नहीं है
कि वह तुम्हारे पास है
प्यार इसलिए प्यारा है
कि जिसके पास ये नहीं है
उसके पास भी होना चाहिए।

प्यार ही खा जाता है

कैंट के इस पार्क में
मैं उसे रोज देखता हूँ
बरसों से आता है वो आदमी
गिनती के चार चक्कर लगाने के बाद
एक विशेष बेंच पर सुस्ताता है
बेंच जिसका पीछे का हिस्सा टूटा है
जिस पर लुढ़कने के डर से और कोई नहीं बैठता,
सेना के वर्कशाप में जैसे ही सवेरे के आठ बजे का घंटा बजता है
चल देता है वो मानो उसे भी कारखाने में जाना हो
हाँ, जाते समय पार्क के कोने में लगे
पाम के पेड़ को गले लगाना नहीं भूलता
बरसों से वे दोनों गले मिल रहे हैं
यही वो बात है
जो उन दोनों को पार्क में अलग बनाती है,
कल रात बड़े जोर का तूफान आया था
पूरे पार्क में पत्तियाँ और टहनियाँ बिखरी हुई हैं
पाम का वो पेड़ भी गिरा पड़ा है
वो आदमी भी नहीं आया आज
और पार्क की वो बेंच भी खाली है
हाँ, कल दिन में ही कैंट बोर्ड के लोग
बेंच के पीछे का हिस्सा लगा गए थे,
सेना की वर्कशाप का आठ बजे का घंटा बज रहा है

और गिरे पेड़ के पास खड़ा मैं यही सोच रहा हूँ
प्यार करनेवालों को
प्यार ही खा जाता है।

बरसात की पहली बूँद

ये जून की एक भरी दोपहर है
बस स्टाप पर पिछले आधे घंटे से
कोई बस नहीं आई है
मेरे हाथों में दबी प्लास्टिक की फाइल
चिपाचिपाकर जैसे बहने लगी है
इसमें रखा मेरा बायो-डाटा आज जरूर लुगदी बन जाएगा
और उसे बन भी जाना चाहिए
भला, एक काग़ज और कुछ शब्द
आदमी के बारे में सब कैसे बता सकते हैं
तभी मेरे माथे पर एक नरम ठंडी-सी बूँद गिरी
पसीने से अलग कुछ हल्की-सी
अरे! बरसात
बरसात की पहली बूँद
पहली बूँद!
मैं रोमांच से भर गया हूँ
किसी सीप की तरह
पहली बूँद ने मुझे चुना है
मोती के लिए
तेज हार्न ने बताया
मेरी बस आ चुकी है
और मेरा बायो-डेटा
अभी तक गला नहीं है।

कबूलनामा

(जज के सामने मुजरिम का)
तुम, उसे चाहते थे?
हाँ
तुमने उसे कत्ल कर दिया?
हाँ
क्यों?
वो मेरा जमीर बन गई थी।

ख़ुशी का गीत

आओ एक ख़ुशी का गीत लिखते हैं
ग्लोब पर एक स्माइली बनाते हैं
इस स्माइली को ले चलते हैं
दुनिया के तमाम गरीब देशों तक
देखो, स्माइली रोटी बनकर ख़ुशी के गीत गाने लगी है,
ख़ुशी का गीत गुब्बारों में भरकर
चलते हैं कूड़ा बीन रहे बच्चों के बीच
देखो गुब्बारे लालीपाप बन गए हैं,
आओ, एक ख़ुशी का गीत गाते हैं
इतनी ख़ुशी का कि बुद्ध भी गुनगुनाने से न रोक सकें खुद को
बुद्ध भी बदले दें अपनी धारा
कह दें कि अब संसार का मूल तत्त्व दुख नहीं रहा
फिर न कोई कारण रहा और न निवारण,
आओ ख़ुशी का गीत कुछ और जोर से गाते हैं
खेत-खलिहान से होता हुआ इसका संगीत
राजधानी की सड़कों तक जाए और झूम उठें सब
किसान ठहाके लगाने लगें
सैनिकों के बूटों से फूटने लगे मधुर धुन
और लड़कियाँ रात को सड़कों पर झूमते चलें बेखौफ,
ख़ुशी के गीत के कोरस में टूट जाएँ सब वर्जनाएँ
ख़ुशी का गीत सुनते ही
राम के इन्तजार में पत्थर बनीं अहिल्याएँ

उठ खड़ी हों पूरी संवेदनाओं के साथ
अब समाज में कोई साधु, कोई इन्द्र, कोई बहुत अपना
नहीं लगाएगा किसी पर लांछन,
आओ लिखें ख़ुशी का एक गीत
और मुक्त कर दें सारी दुखी आत्माओं को,
सच तो ये है कि ख़ुशी के गीत को गाकर
मर जाना चाहता हूँ मैं उस परम सन्तोष के साथ
जिसमें न खुश होने की फिर कोई वजह हो और न इच्छा
तो आओ गाते हैं जोर से और जोर से ख़ुशी का गीत।

पूरा भरा हुआ खाली पल

वो जो खोने और पाने के बीच का पल है
वो जो बिछड़ने और मिलने के बीच का पल है
वो जो गिरने और सँभलने के बीच का पल है
वो पल जो उठा न गिरा
न खाली न भरा
न चला न ठहरा
एक उद्विग्न शान्ति से भरा,
आँख में अभी-अभी आए एक आँसू की तरह
जो गिरे तो मोती और रुके तो गीत,
एक हूक की तरह
घुमड़ती, उमड़ती
न निकलती न ठहरती,
इसी पल में उठेगी पीड़ा प्रसव की
और जन्म लेगी ज़िन्दगी
बाकी सब बीत जाएगा
बस रह जाएगा यही पल
पूरा भरा हुआ खाली पल
पूरे खालीपन से भरे एक इनसान के साथ।

प्रेम को जानना हो तो

प्रेम के बारे में जानना हो तो कवि के पास मत जाना
प्रेम का अर्थ जानने को चित्रकार के पास भी मत जाना
प्रेम की परिभाषा के लिए शिक्षक के पास जाना भी बेकार ही होगा
यहाँ तक कि कोई प्रेमी भी

प्रेम के बारे में तुम्हें शायद ही कुछ समझा पाए।
प्रेम को समझना हो, महसूस करना हो

तो तुम जाना सरहद पर तैनात जवान के पास
जो गोलियों की बौछारों के बीच
अपनी प्रेमिका के कहे अन्तिम शब्द सोच रहा है।

मेरी चाहत का तारा

चाहता तो बहुत कुछ था माँगना
पर एक तारा बीच में आ गया
रात की चादर में टँके अनगिनत तारों में
वो एक टूट भी जाता तो क्या होता
कितने तारे कितनी चाहतों की भेंट चढ़ चुके थे
एक मेरे लिए भी सही,
पर रात को जब भी हथेली में एक चाहत लेकर
आसमान की गोद में खिले तारों को देखा
हर बार एक तारा मेरी चाहत पर भारी पड़ा,
तारे के टूटने की पीड़ा
आसमान से छूटने की पीड़ा
आदमी के टूटने से
आदमी के छूटने से कम तो न होगी
हर बार मैं अपनी चाहत
मुट्ठी में बन्द कर छत से उतर आया।

प्रवाह

लहरों की रवानी कहीं नहीं जाती
वैसे ही जवानी कहीं नहीं जाती
देखो ये तो खड़ी है तुम्हारे सामने
समा रही है बच्चों में
नए फूल खिलने को तैयार हैं,

ऊर्जा बन कर बहती है
इस मिट्टी में बसती है
बीज से खिलती है
नए पौधों में मिलती है
जवानी कहीं नहीं जाती,

सैनिकों के बूटों में गाती है
लड़कियों की चोटियों में लहराती है
पेड़ से पौधे में समाती है
जवानी कहीं नहीं जाती,

इस सरल प्रक्रिया का हिस्सा बनो
विदाई का सम्मान रखो
बच्चों की उँगली पकड़कर दे दो अपनी ताकत
और देखो अपनी जवानी को एक नए रंग में
क्योंकि जवानी कहीं जाती नहीं।

माडर्न आर्ट

तुम जो सदियों से आधे हो
आधे नंगे, आधे पेट, आधे जीवन
तुम्हारे आँसुओं को पी जाते हैं
वे शराब की तरह
तुम्हारे चेहरे की झुर्रियों को
टाँग देते हैं ड्राइंग रूम में
मातृत्व को देते हैं इनाम
आर्ट गैलरियों में
तुम्हारी त्रासदी की कहानी
बेच देते हैं बाजारों में
बन्दर बनाकर नचा देते हैं
तुमको परेडों में
तुम्हारे जंगलों में बो देते कंक्रीट
तुम्हारे लहू से लिख देते विकास-गाथा
धरती खो जाने के डर से
तुमने आसमान नहीं देखा
अब न राम आएँगे, न जामवन्त
स्वयं जगानी होगी शक्ति
लंका दहन को।

हाथ में हाथ

पहली बार जब पकड़ा था तुम्हारा हाथ
वो सिर्फ एक हाथ भर नहीं था
थरथराता हुआ एक पूरा संसार था
जिसे अँजुरी में भर कर चलना था मुझे
तुमने सिर्फ एक हाथ नहीं दिया था
अपने सारे सपने, विश्वास सौंप दिए थे
बिना कोई सवाल किए,
तुम जानती थीं मेरे पास जवाब नहीं थे
न तब थे, न अब हैं
हाथ तो मेरे भी काँपे थे तब
तुम्हारे निश्चल भरोसे में वही आँच थी
जो सीता माता की अग्नि परीक्षा में थी
उतनी ही पवित्र, उतनी ही तेज,
तब से अब तक हँसते-खेलते
वक्त के थपेड़ों को सहते-झेलते
कच्ची-पक्की राहों पर चलते
हाथ को सँभाले रखा एक वादे की तरह
पर, वक्त के साथ कमजोर हो रही है
मेरे हाथों की पकड़

जब भी छूटेंगे हाथ तुम्हारे
समझना कि
तुम्हारे हाथों का छूटना और
मेरे हाथों का कटना एक-सा होगा।

मासूम

ये तब की बात है
जब शब्दों के अर्थ नहीं होते थे
सिर्फ अहसास ही काफी था
कुछ कहने-सुनने को,
तब तुम जैसे ओस की एक बूँद
और मैं एक कोरी स्लेट
तुम तब भी थीं थोड़ी समझदार और पूरी मासूम
और मुझ पर भी बहुत कुछ लिखा जाना था,
ये अब की बात है
तुम्हारे होंठों पर अब भी टिकी है
वो ओस की बूँद पर पपड़ी बनकर
और मेरी स्लेट लिखते-मिटते जैसे घिस-सी गई है।
तब से अब तक
यूँ ही चले हम भीगते-सूखते
न तुम सँभाल पाईं वो ओस की बूँद
और न मेरी स्लेट रही कोरी।

वेलेंटाइन डे पर

वो शब्द जो कहे नहीं गए
बस आँखों ने पढ़े
मन में गढ़े
आज भी सिर्फ तुम्हारे हैं।

वो महक जो किसी फूल की नहीं
बस साँसों में बसी
फिज़ाओं में हँसी
आज भी तुम्हारी है।

वो सपने जो आँखों ने नहीं देखे
दिल से दिल ने बुने
हमने मिलकर चुने
आज भी तुम्हारे हैं।

वो जो भी है अनकहा
अनसुना
अनछुआ
सब आज भी तुम्हारा है
मेरे वेलेंटाइन।

महाभारत का इन्तजार

तुम मरते क्यों नहीं मृत्युंजय
शिथिल वक्ष, ढीली प्रत्यंचा
राजपुत्रों के अट्टहास के बीच
अब तक सिर झुकाए खड़े तुम
साल बीते, सदियाँ गुजरीं
तीर और मछली की आँख का फासला कम न हुआ
बीच में आते रहे कितने अर्जुन
अपनों के बीच आज तक उपेक्षित
सब कुछ देकर भी नही धो पाए कलंक जन्म का
कर्ण! हर पल देखता हूँ तुम्हें
एक और महाभारत के इन्तजार में।

अकेलापन

हँस रही थी शाम मोनालिसा की तरह
आइसक्रीम की तरह पिघलते शरीर को राहत मिली थी
खेलने लगे थे बच्चे लुकाछिपी
लौटने लगे थे पक्षी बसेरों को
तभी बादल घिरने लगा
सूरज कहीं छिपने लगा
एक जोड़ा हाथों में हाथ डाले निकला मेरे सामने से
और शाम उदास हो गई।

प्रतीक्षा

इसे क्या नाम दूँ
एक अहसास, एक अभिव्यक्त
या फिर यथार्थ को छूता अस्तित्व
अपनी-अपनी शाम को थामे लोग
सहला रहे हैं सूरज को
हाँ, उधर दूर एक तारा
सिमट रहा है अकेले-अकेले
हाँ, यही तो कहता था मैं
इस पार्क के सबसे दूर वाले कोने में
अभी भी खाली है एक बेंच।

शाम

कौन अपना है
ढलता सूरज या उगता चाँद
नहीं, ये मेरे नहीं,
तो मन्दिरों की घंटियाँ
या घरों को लौटते लोग
नहीं नहीं मेरा तो कोई घर नहीं,
तब शायद ये पार्क में खेलते बच्चे
या गप्पें लड़ाते बुड्ढे
नहीं इनकी अपनी कोई मर्जी नहीं,
तब-तब शायद मेरा कोई भी नहीं
मेरे प्रभु!
हिरण्यकश्यपु के वध के लिए
शाम का अस्तित्व ही मिटा दिया तुमने।

मन्थन

एक बूँद अमृत की चाह में
किया बीते समय का मन्थन
निकला विष अपमान का
पीने को कोई शिव नहीं
असन्तोषी भस्मासुर
कोई विष्णु नहीं।

कोबरा

फन फैलाए बैठा कोबरा
डसता नहीं सिर्फ फुफकारता
काटता नहीं सिर्फ घूरता
जड़वत विचारशून्य मैं
फटी-फटी आँखों से
सब कुछ देखकर
अनजान, असमर्थ
आधी-आधी साँसों से
अब नहीं जिया जाता
डसता क्यों नहीं
पल-पल अब नहीं मरा जाता
उफ क्या यही नियति है
पल-पल मरना होगा
इसी व्यवस्था में, मुझको जीना होगा।

गुजरे पल का आदमी

गुजरे पल का आदमी
उठा देता है रहस्यों से पर्दे
टुकड़े-टुकड़े ज़िन्दगी को जोड़
बनाता है एक तसवीर
भगवान की आँखें, दैत्य का पेट
इनसान का दिमाग, शैतान के हाथ,
गुजरे पल का आदमी
साक्षात्कार करता है समय से
झाँककर देखता उसकी आँखों में
देख लेता कल की तसवीर, स्तब्ध
एडजस्ट होने की प्राब्लम,
गुजरे पल के आदमी की घड़ी में
आप देख सकते हैं
भूत, वर्तमान और भविष्य।

विद्रोह

तुम एक जंगली आदमी
तुम्हारी औकात क्या है
तुम जो मेरे जूतों के तलवों से...
उन्होंने अपने जूतों की ओर इशारा किया
जहाँ पक्के फर्श के भीतर से चींटियाँ निकल रही थीं।

मोबाइल

मोबाइल से नम्बर डिलीट करना
इतना मुश्किल होगा, पता न था
खुल गए यादों के कितने ही पिटारे
पूरी लिस्ट देखते ही,
कभी जो बहुत जरूरी थे
अब नहीं रहे
कुछ दुनिया से चले गए, कुछ ज़िन्दगी से
और कुछ की अहमियत नहीं रही।
कुछ नम्बर सामान्य से वीआईपी और वीवीआईपी हो चुके थे
तो ज्यादातर वीवीआईपी नम्बर आम बनकर चमक खो चुके थे
मेरे लिए वे सभी ख़ास थे
और मैं इन आम-ओ-ख़ास के बीच वहीं जैसे किनारे खड़ा लहरों को बस
गिनता रहा था।
आप सोच रहे होंगे कि नम्बरों का क्या, डिलीट ही तो करना है
मैं भी यही सोच रहा था
तब तक, जब तक मैंने डिलीट करना शुरू नहीं किया था
मैं गलत था,
हर नम्बर एक नम्बर नहीं था एक रिश्ता था जिसे तोड़ना था
हर नम्बर के साथ थोड़ा-सा छिल जाता था दिल
डिलीट होनेवाला हर नम्बर कह रहा था अपनी कहानी
सब कुछ याद आ रहा था
बीते वक्त में घुसना, महसूस करना

नोस्टाल्जिया के शिखर पर जाना हो जैसे,
मोबाइल हो चुके इस दौर में
आदमी को भी जाना है और नम्बरों को भी,
मैं जानता हूँ ये दुआ करना बुद्धिमानी नहीं है
पर दिल है कि कहता है कि
कभी किसी को किसी का नम्बर न डिलीट करना पड़े।
आमीन।

असहमति

धनुष पर प्रत्यंचा चढ़ाने को
परिन्दे को सूरज से लड़ाने को
बात आगे बढ़ाने को
ज़रूरी है असहमति।

बंजर में फूल खिलाने को
तूफ़ान में नाव चलाने को
संजीवनी लाने पहाड़ हिलाने को
ज़रूरी है असहमति।

सागर पर सेतु बनाने को
सिद्धार्थ को बुद्ध बनाने को
दांडी में नमक बनाने को
ज़रूरी है असहमति।

बेड़ियों से मुक्ति पाने को
आज़ादी को गले लगाने को
सीमाओं के पार जाने को
ज़रूरी है असहमति।

असहमति प्रारम्भ है
बात का, जीवन का, नए का
सहमति अन्त है
बात का, हर नई शुरुआत का।

राम का वनवास

जीवन के हर वनवास में
हर दुख हर पीड़ा में
जब भी राम को देखा
राम का वनवास ही नजर आया
और फिर अपना हर वनवास
बहुत छोटा बहुत आसान नजर आया
सुनो राम,
युगों-युगों से तुम्हारा वनवास
हमारी सबसे बड़ी आस है
हम सबमें एक वनवास होता है
हम सबको एक वनवास होता है
वनवास हमें गढ़ता है, पढ़ता है
वनवास से ही राम राम हैं
वनवास से ही जीवन के सारे आयाम हैं
राम हों या हम सब
वनवास सबको मिलता है
इनसान हो या भगवान
वनवास सबका खत्म होता है
तो हे वनवासी राम,
जीवन के सारे वनवास
तुम्हें समर्पित
जीवन की सारी प्यास

तुम्हें समर्पित
जीवन की सारी आस
तुम्हें समर्पित।

होंठ

बरसों बाद
उसके खुश्क होंठों को छूकर
लगा कि शब्द अगर ठहर जाएँ
तो पपड़ी से बेजान हो जाते हैं।

गोली

बन्दूक के सख़्त घोड़े को
नरम अँगुली से सहलाते हुए
नाल से चिन्गारी को निकलते हुए देखना,
सीने में गरम लोहे को महसूस करते हुए
बर्फ़ की सिल्ली पर बूँद-बूँद टपकते हुए खून को
जम जाने तक देखना,
मैं उस गोली के मर्म को समझना चाहता हूँ
जो शान्ति में युद्ध और युद्ध में शान्ति की
तलाश में निकलती है।

मन शीशा नहीं है

मन, शीशा नहीं है
एक बार चटक गया
तो किसी काम का न रहा।
मन, एक सख़्त ज़मीन है
जितना अधिक चटकता है
उतना ही पानी उतरता है भीतर
कर देता है नम अन्दर तक।
एक चटके हुए मन में
उग आती है दूब
खिल उठते हैं फूल
लहलहा उठती है फ़सल।
मन, जितना चटकता है
उतना ही उर्वर होता है।

सुन्दर कविताएँ

सबसे कठिन समय में
लिखी गई हैं
सबसे सुन्दर कविताएँ
ठीक वैसे ही जैसे
माँ ने ली हैं
युद्ध में जानेवाले पुत्र की
सबसे अधिक बलाएँ।

वनवास

1

कुछ युद्धों का
कभी अन्त नहीं होता
कुछ लोगों का वनवास
कभी ख़त्म नहीं होता।

2

अब कौन वास करता है वन में
अब तो सारे वनवास
बस गए हैं हमारे मन में।

3

नगर में लौट आने-भर से
वनवास ख़त्म नहीं होता
चला आता है हमारे साथ
ठहर जाता है मन में
कुछ लोगों के हाथ में
वनवास की रेखा
बड़ी गहरी होती है।

बूढ़े आदमी के आँसू

डर जाता हूँ मैं
किसी बूढ़े आदमी
को रोता देखकर
डर जाता हूँ मैं
ये सोचकर कि
कैसे सँभालेगी धरती
इस ज्वालामुखी का ताप,
बच्चे की आँख से
बूढ़े की आँख तक
आते-आते
बहुत खारे हो जाते हैं
बुजुर्गों के आँसू
बहुत भारी हो जाते हैं।

खरपतवार

आदमी का दुख
खरपतवार की तरह है
न चाहते हुए भी
उसे उग ही आना है
मुझे तो यकीन हो गया है कि
दुख कुदरत की एक फसल है
जिसे वह उगाती है
इनसान के उगाए सुख के जवाब में
उसी तरह जैसे अन्न के
जवाब में उगता है खरपतवार।

[खरपतवार : अवांछित पौधा]

प्रेम

प्रेम
यदि एक गुण है
तो वह निश्चित ही तुम्हारा है,
प्रेम
यदि एक दोष है
तो वह निश्चित ही मेरा है,
और हमारा यह जीवन
इसी गुण-दोष का फलित है।

सुबह

हरेक रात
सुबह के इन्तज़ार में कटती है
और सुबह है कि
न जाने किस राह से गुज़रती है।

प्रणाम

जो जहाँ भी लड़ रहा है
अँधेरे के विरुद्ध
हर उस दीये को
करता हूँ प्रणाम,

जो जहाँ भी खिल रहा है
अग्नि को कर आबद्ध
हर उस दीये को
करता हूँ प्रणाम,

जो जहाँ भी जल रहा है
प्रेम में होकर सम्बद्ध
हर उस दीये को
करता हूँ प्रणाम।

उजाले की कीमत

सुबह-सुबह
मुंडेर पर बैठे
बुझे हुए दीये ने मुझसे कहा
सुनो! मैंने तो उजाले की कीमत चुकाई है
मैं अब उससे ये कैसे कहता कि
तुम्हारा ये दर्द तो
बस एक रात का किस्सा है
मेरे लिए तो
ये मेरे जीवन का हिस्सा है।

दबे पाँव आना

अबके आना तो दबे पाँव आना
सारे बन्धन तोड़कर आना
जिसका मुझे भी भान ना हो
आशाओं की सीमा के पार आना।

अबके लाना तो एक ख़ाली पल लाना
ग़म और ख़ुशी से परे एक दिल लाना
मन के द्वार पे सजा दूँ
अशोक की वन्दनवार लाना।

अबके जाना तो गले मिलकर जाना
सब दबी इच्छाओं के संग जाना
जाना कि बादल से बूँदों की तरह
मन की मिट्टी को सोंधा कर जाना।

ख़्वाब और सुबह

सुबह की कीमत पर
ख़्वाबों को जाना होगा
सूरज के लिए
चाँद को ढल जाना होगा
ये दुनिया
गीतों से नहीं
गोला-बारूद से चलती है
इस दुनिया से
हर नाज़ुक जान को जाना होगा।

नफ़रत

उसे एक इनसान से नफ़रत हुई
फिर एक परिवार से
फिर एक समाज से
फिर एक जाति
एक वर्ग
एक धर्म
एक देश
नफ़रत का सिलसिला नहीं रुका
अब उसे फूलों, पौधों पूरी प्रकृति से नफ़रत थी
उसने कहीं पढ़ा प्रकृति ही ईश्वर है
तो उसने ईश्वर से भी नफ़रत शुरू कर दी
और ईश्वर तो उसमें भी था
अब वो ख़ुद एक नफ़रत था,
नफ़रत
क्रिया से शुरू होती है
और
संज्ञा पर ख़त्म होती है।

सूरज समंदर की प्लेट में

पटरी पर लगे बाज़ार में
उथले पानी के लोहे के टब में
छटपटा रही हैं कुछ उम्मीदें
आप इन्हें मछलियाँ कह सकते हैं
उम्मीद फिर से सागर में जाने की,
उधर एक उम्मीद मछलियाँ लेकर बैठी
लड़की की आँखों में भी है
मछलियों के ज़िन्दा रहते बिक जाने की,
और एक उम्मीद मछलियों को उलटते-पलटते
ग्राहक की आँखों में भी है
खाने की प्लेट में आज बच्चों को कुछ खास परोसने की,
मैं देख रहा हूँ
सड़क के उस पार
शहर के दक्षिणी किनारे में
सूरज को समन्दर की प्लेट में जाते हुए
और जहाँ उम्मीद भरी लहरें
रेत के पेट में समा रही हैं,
तो उम्मीद को पेट में ही जाना है
रेत का हो या आदमी का।

प्यार क्या है

प्यार क्या है?
ये उससे मत पूछो जिसके पास है
उससे पूछो
जिसके पास नहीं है।

प्रेम को समझना

प्रेम को समझने के लिए क्या चाहिए
एक अदद प्रेमी
एक अच्छा दिल
या फिर बहुत सारा प्रेम,
या शायद इनमें से कुछ नहीं चाहिए
प्रेम को समझने के लिए चाहिए
दर्द
बस दर्द
और सिर्फ ढेर सारा दर्द।

जनवरी की एक सर्द रात

जनवरी की सर्द रात में
वह हुआ
जो नहीं होना था
दूर तक भाँय भाँय करती खाली सड़क पर
अचानक किसी ने मेरे पास आकर पूछा
सुनो, क्या तुम वही आदमी हो
जिसने कुछ देर पहले एक सस्ते बदबूदार शराबखाने में
मौत की अच्छाई के बारे में सोचा था
मेरे माथे पर पसीने की बूँदें छलछला आई थीं
मैंने उसे गौर से देखा
वो चेहरा मौत का नहीं था
उस चेहरे में दर्द था पर मातम नहीं था
और फिर मौत की आवाज़ इतनी ठंडी भी नहीं होती
कौन हो तुम? मैंने आवाज़ को सख्त करते हुए पूछा
मुझे ज़िन्दगी कहते हैं
अपनी सर्द, ठहरी और भावनाशून्य आवाज़ में उसने कहा
मेरा पीछा क्यों कर रहे हो? मेरा डर अब कहीं नहीं था
क्योंकि तुम मेरे शिकार हो
तुम मौत के बारे में नहीं सोच सकते
उसने मेरे चेहरे से अपना चेहरा सटाते हुए कहा
सुनो, मेरे और मौत के बीच जंग में
तुम मेरा शिकार हो

मुझे माफ करना उसने आगे कहा
मैंने तुममें बहुत सान लगाई है
बहुत ठोंका-पीटा है, भट्टी में तपाया है
मुझे माफ करना
लेकिन तुम्हारे जैसा जख्मों से भरा
टूटते-टूटते बचा
हर आदमी मौत के खिलाफ ज़िन्दगी का हथियार है, धार है
तुम्हें मेरे हाथों में ही रहना है
मैं तुम्हें मौत को नहीं दे सकता
चौराहा आ चुका था
हम दोनों ही अपने-अपने रास्ते मुड़ गए
मुझे ठीक से याद है
वो जनवरी की ही एक सर्द रात थी
बहुत सर्द।

बदलते मौसम का गीत

पत्ते टूटने लगे हैं
एक और मौसम बदलने लगा है
मुझमें भी जैसे कुछ टूटने लगा है
कुछ छूटने लगा है
एक हूक उठ रही है
रह-रहकर घुमड़ रहा है मन
कुछ है जो सीने में छटपटा रहा है
रुँध रहा है गला,
कुछ अव्यक्त-सा है जो व्यक्त होने को आकुल है
हर बदलते मौसम में पेड़ की तरह बेज़ुबान हो जाता हूँ
भूली-बिसरी हवाओं से घिर जाता हूँ
बदलते मौसम का कुछ तो रिश्ता है
चीजों के छूटने से
जुदाई के गीतों से
बदलते मौसम में मुझे याद आती हैं
वे लड़कियाँ जो ब्याह कर दूर देश चली गईं
और फिर कभी नहीं लौटीं मायके लड़कियों की तरह
वे लड़के जिन्होंने रोजी-रोटी के लिए एक बार घर छोड़ा
और फिर अजनबी की तरह ही लौटे जब भी लौटे
बदलते मौसम में मुझे याद आती हैं
वे माँएँ
जिनके लिए तुम्हारे जाने की सड़क ही तुम्हारी उम्मीद बन गई

बदलते मौसम में मुझे याद आती हैं
वे प्रेमिकाएँ
जिन्होंने ये सोचकर सब्र कर लिया कि शहर जाकर आदमी बदल जाता है
सच कहूँ तो बदलते मौसम में पत्ते ही नहीं टूटते
मन भी टूटता हैं और झरने लगती हैं
कई कही-अनकही बातें पत्तों की तरह।

मुक्ति

पुरानी फोटो अल्बम देखते हुए
सोच रहा हूँ
एक अन्धा सूखा कुआँ है कहीं मुझमें
और इस कुएँ में गहरे दफ़न हैं तमाम यादें
यादें, जो मेरी भूलने की तमाम कोशिशों के बावजूद
खटखटाती रहती हैं मेरा दरवाज़ा
वैसे इस कमरे में रखी
सजावटी सामानों की अलमारी में सजा हुआ
एक बड़ा-सा कॉफी मग भी
आवाज़ देता रहता है मुझे
पूछता है कि तुम्हें कुछ याद भी है या भूल गए
क्या तुम्हें नहीं लगता कि कभी-कभी
तुम्हें इसमें कॉफी पीनी चाहिए
ओह, तो अब इस मग को मुझे खाली कर देना चाहिए
इसमें भरी हुई यादों से
इसे मिला देना चाहिए मिट्टी में
इसे लौटा देना चाहिए इसका गीलापन
लौटा देना चाहिए इसका सोंधापन
कॉफी मग को मैं दबा देना चाहता हूँ किसी बगीचे में

कुएँ पर रखे भारी पत्थर को हटा देना चाहता हूँ
और इस फोटो अल्बम को सिरा देना चाहता हूँ गंगा में
मैं सबको मुक्त कर देना चाहता हूँ
मैं मुक्त होना चाहता हूँ।

महासमर में

जीवन के इस युद्ध में
हमें नहीं दिया किसी देवता ने कवच
सीधे सीने पर झेले सारे वार,
नहीं काँपे किसी के हाथ
अपने हों या पराए
पूरी शक्ति से सबने किए हम पर प्रहार,
युद्ध के मैदान में खड़ा हुआ
प्रत्यंचा पर स्वयं मैं चढ़ा हुआ
अपना सर्वस्व झोंककर
छलनी हुए सीने को ठोंककर
जय-पराजय से इतर
सन्तुष्टि और गर्व से भर
कह रहा हूँ लो सुनो!
बिना किसी देवता के करम के
बिना किसी अपने के रहम के
मैंने किया है ये महासमर पार
मेरे सीने पर नहीं है
किसी की भी कृपा का भार।

प्रतीक्षा

जाने क्यूँ ऐसा लगता है
कि प्रतीक्षा करने
और फूलों के खिलने के बीच
कोई सम्बन्ध ज़रूर है
मैं ये सोचकर डर जाता हूँ
कि जिस दिन
कोई किसी की प्रतीक्षा नहीं करेगा
उस दिन फूलों का क्या होगा?

दूब पर ओस

जिन्होंने जीवन भर
अँजुरी में अंगारे की तरह धरे
प्रेम को सँभाले रखा
तमाम उतार-चढ़ाव के बीच
नहीं छोड़ा प्रेमी का हाथ, प्रेम का साथ
मौसम कोई भी हो
उन्होंने तो बस इतना चाहा कि
सुबह-सुबह दूब पर
ओस की कुछ बूँदें हमेशा चमकती रहें,
ऐसे लोगों के प्रति
मैं सम्मान और श्रद्धा से भरा रहता हूँ
मैं जानता हूँ कि
दुनिया में जो कुछ भी मधुर बचा है
वह इन्हीं से है
अन्यथा ये दुनिया तो
टूटे और छूटे हुए
प्रेम से रिक्त और परित्यक्त लोगों से भरी है
जिनके पास देने को उदासी
के सिवा और कुछ नहीं है
और चाहे-अनचाहे
मैं भी इन्हीं में शामिल हूँ।

बदलाव

बिना तुम्हें बताए आम के पेड़ पर
एक दिन धीरे से आ जाता है बौर
उधर खेत में खड़ी एक बाली चुपचाप
फूट उठती है तुम्हारे लिए
एक दिन दबे पाँव आकर
तुम्हें चूम लेता है बसंत
और पतझड़
आह, कितनी गरिमा के साथ आता है
मुक्त होने का रास्ता दिखाने
और देखो तो ज़रा
किस तरह पूरे साल को तिरोहित कर
दिसम्बर बन जाता है संत
जैसे धीरे-धीरे बदलता है मौसम
वैसे ही बिना तुम्हें चौंकाए
बिना तुमसे उकताए
धीरे-धीरे बदलना चाहता हूँ मैं।

समानुभूति

यह बिलकुल सामान्य घटना थी
हमारी दोस्ती की शुरुआत ऐसे ही हुई थी
पार्क में एक दिन यूँ ही मैंने छू लिया था तुम्हें
और देखा कि तुम्हारे बदन में तो कई कीलें धँसी थीं
ओह, तो लोगों ने तुम्हें भी नहीं बख़्शा
अपनी इच्छाओं के लिए बेध दिया तुमको भी
इस टीस को ठीक से जानता हूँ मैं, पहचानता हूँ मैं
तो कम से कम तुम्हारी कीलें तो निकाल ही सकता हूँ दोस्त
और फिर जेब में रखी चाबी से मैंने खींच ली थीं तुम्हारे बदन से सभी कीलें
तब पहली बार तुम्हें दोनों बाँहों में भरकर
गले से लगाया था और हम दोनों ही रो पड़े थे
तब से जब भी इस नीम के पेड़ से गले मिलता हूँ
रो पड़ता हूँ
मैं नहीं जानता कि हममें से कौन रोना चाहता है
और कौन साथ देने के लिए रोता है
बस हम दोनों ही साथ मिलकर रोते हैं
और दुनिया की सबसे सुन्दर बात यही तो है कि
यहाँ एक टूटा हुआ जीव
दूसरे टूटे हुए जीव को खड़े रहने का
हौसला देता है।